PUBLICADO POR

NICHOLAS THOMPSON

DIETA CETOGÊNICA

PUBLICADO POR NICHOLAS THOMPSON

@ Editora Era

Dieta Cetogênica: Guia Para Iniciantes De Uma

Dieta Cetogênica

Todos os direitos reservados

ISBN 978-87-975002-0-0

ÍNDICE

Capítulo 1 1

Entendendo A Dieta Cetogênica 1

Capítulo 2 7

O Que É A Dieta Cetogênica 7

Capítulo 3 10

A Ciência Por Trás Da Dieta Cetogênica 10

Receita: Omelete De Abacate 15

Frango Grelhado Com Legumes Assados: 17

Hambúrguer Caseiro 19

Hash Browns De Repolho 21

Copos De Café Da Manhã Ceto 23

Almoço 26

Receita De Frango Ao Molho De Creme De Leite 29

Receita De Vitamina De Mirtilo 31

Receita De Vitamina De Leite De Coco Com Cereja 33

Muffins De Omelete 35

Café Da Manhã De Caçarola 37

Panquecas Keto 39

Repolho Roxo Maçã 41

Granola De Canela 43

Enrolado De Frango E Bacon 45

Salada Cobb 47

Carne Assada Em Fogo Baixo 49

Keto Cereal 51

Hash Browns De Repolho 53

Muffin Keto Para O Pequeno-Almoço 55

Muffins De Omelete 57

Caçarola De Café Da Manhã 59

Panquecas Ceto 61

Repolho Vermelho Maçã 63

Pão Macio Cetogênico 65

Pão Cetogênico 67

Queque Keto Matinal 69

Panquecas Keto 71

Sanduíche Matinal 72

Salada De Atum Com Abacate: 73

Omelete De Queijo E Espinafre: 75

Bife Com Manteiga De Ervas: 77

Búfalo Camarão Alface Wraps 80

Salada De Couve-Flor Carregada 84

Keto Mac & Cheese 87

Receita De Atum Com Salada Verde De Rúcula 91

Receita De Ovos Mexidos Com Tomate 93

Receita De Hambúrguer Caseiro Com Queijo Cheddar .. 95

Taco Recheado De Abacates 97

Embrulhos De Alfaces E Camarão Com Molho Búfalo . 100

Salada De Couve-Flor Carregada 103

Granola De Canela 105

Omelete De Ervas Com Salmão Defumado 107

Salada Cheeseburger 109

Pãezinhos Macios 110

Pães De Queijo Para Hambúrguer 112

Pãezinhos De Baixo Teor De Carboidratos 114

Sopa De Espinafre E Linguiça 117

Frango Tandoori 119

Cordeiro Com Curry 121

Crackers De Pesto 123

Crackers De Sementes 125

Biscoitos De Sal E Pimenta 127

Biscoitos Crocantes De Amêndoa 128

Pão Plano De Baixo Teor De Carboidratos 130

Capítulo 1

Entendendo a Dieta Cetogênica

O que é a Dieta Cetogênica?

A dieta cetogênica é uma abordagem alimentar que se concentra em reduzir drasticamente a ingestão de carboidratos e aumentar a ingestão de gorduras saudáveis. Isso leva o corpo a um estado metabólico chamado cetose, onde a principal fonte de energia passa a ser a gordura em vez dos carboidratos. A cetose ocorre quando o fígado quebra as gorduras em ácidos graxos e corpos cetônicos, que são usados como fonte de energia pelo corpo.

Mecanismo de Cetose e Emagrecimento

A mudança para a cetose desencadeia uma série de mudanças no corpo que podem facilitar o emagrecimento. Quando os carboidratos são reduzidos, os níveis de insulina diminuem. Isso permite que as células de gordura liberem ácidos graxos para serem queimados como energia.

Além disso, os corpos cetônicos também desempenham um papel na supressão do apetite, o que pode contribuir para a redução da ingestão calórica.

A dieta cetogênica também promove a estabilidade dos níveis de açúcar no sangue. Isso evita os picos de insulina que podem levar ao armazenamento excessivo de gordura. Ao reduzir a ingestão de carboidratos, o corpo não experimenta flutuações abruptas nos níveis de glicose, o que ajuda a controlar o apetite e a manter um estado de queima de gordura mais constante.

Comparação com Outras Abordagens Alimentares

A dieta cetogênica se diferencia de outras abordagens alimentares, como dietas de baixa caloria ou baixa gordura. Enquanto essas dietas muitas vezes levam a uma perda de peso inicial, elas podem resultar em perda de massa muscular e diminuição do metabolismo basal. A dieta cetogênica, por outro lado, preserva a massa muscular e pode até mesmo aumentar a taxa metabólica de repouso devido ao efeito térmico dos alimentos ricos em proteínas e gorduras.

Utilizando a Dieta Cetogênica para Emagrecimento

Para usar a dieta cetogênica como uma estratégia eficaz de emagrecimento, é essencial compreender alguns princípios fundamentais:

Redução Controlada de Carboidratos:

primeiro passo é reduzir a ingestão de carboidratos a um nível que induza a cetose. Geralmente, isso envolve consumir menos de 50 gramas de carboidratos líquidos por dia.

Carboidratos líquidos são calculados subtraindo as fibras alimentares dos carboidratos totais.

Inclusão Adequada de Gorduras:

Com a redução de carboidratos, as gorduras se tornam a principal fonte de energia. É importante escolher fontes saudáveis de gorduras, como abacates, azeite de oliva, nozes, sementes e peixes gordurosos. Isso ajuda a manter a saciedade e fornece os nutrientes essenciais.

Moderada Ingestão de Proteínas:

A proteína é importante para a manutenção da massa muscular e para a sensação de saciedade. No entanto, a ingestão de proteínas deve ser moderada, uma vez que quantidades excessivas podem ser convertidas em glicose, interrompendo a cetose.

Monitoramento e Adaptação:

Durante os primeiros dias de transição para a cetose, é comum experimentar sintomas como fadiga, cãibras e tonturas. Esses sintomas podem ser minimizados através da ingestão adequada de eletrólitos e hidratação. Além disso, é importante monitorar os níveis de cetona no sangue para garantir que o corpo tenha atingido um estado de cetose.

Planejamento de Refeições:

planejamento de refeições é crucial para garantir que a dieta seja nutricionalmente equilibrada e sustentável. Isso inclui a seleção de uma variedade de alimentos cetogênicos, como carnes magras, ovos, laticínios ricos em gordura, vegetais não amiláceos e pequenas porções de frutas com baixo teor de açúcar.

Atenção à Individualidade:

Cada indivíduo é único, e a resposta à dieta cetogênica pode variar. É importante ouvir o corpo e fazer ajustes conforme necessário.

Algumas pessoas podem se sentir melhor com um nível ligeiramente maior de carboidratos líquidos, enquanto outras podem precisar de um teor mais alto de gordura para atingir cetose.

Capítulo 2

O que é a Dieta Cetogênica

A dieta cetogênica, ou dieta keto, é uma dieta rica em gorduras e baixa em carboidratos. O nome "cetogênica" vem de "cetose", um estado metabólico que seu corpo entra quando começa a queimar gordura para obter energia em vez de carboidratos.

Quando você come uma dieta rica em carboidratos, seu corpo quebra esses carboidratos em glicose, que é usada como fonte primária de energia. Qualquer glicose que não seja usada imediatamente é armazenada como glicogênio no fígado e nos músculos para uso posterior. No entanto, seu corpo só pode armazenar uma quantidade limitada de glicogênio. Quando essas lojas estão cheias, qualquer glicose extra é armazenada como gordura.

A dieta cetogênica muda essa dinâmica. Ao reduzir drasticamente a ingestão de carboidratos e aumentar a ingestão de gorduras, você força seu corpo a queimar gordura para obter energia. Isso inclui a gordura que você come e a gordura que seu corpo armazenou.

Mas a dieta cetogênica não é apenas uma dieta rica em gorduras e baixa em carboidratos. É uma dieta que foi projetada para colocar seu corpo em cetose e mantê-lo lá. Quando seu corpo está em cetose, ele produz moléculas chamadas cetonas, que podem ser usadas como fonte de energia. As cetonas são produzidas no fígado a partir da gordura que você come e da gordura que seu corpo queima.

A dieta cetogênica tem muitos benefícios potenciais para a saúde. Ela pode ajudar na perda de peso, melhorar a saúde do coração, aumentar a energia e o foco mental, e pode até mesmo ajudar a prevenir ou gerenciar certas condições de saúde, como diabetes tipo 2 e doença de Alzheimer.

No entanto, como qualquer dieta, a dieta cetogênica não é para todos. É uma dieta rigorosa que requer planejamento e comprometimento. E embora possa ter muitos benefícios para a saúde, também pode ter efeitos colaterais e riscos potenciais. É por isso que é importante fazer sua pesquisa e, se possível, falar com um profissional de saúde antes de começar.

No próximo capítulo, vamos mergulhar mais fundo na ciência por trás da dieta cetogênica. Vamos explorar como ela afeta.

Capítulo 3

A Ciência por trás da Dieta Cetogênica

A dieta cetogênica tem ganhado popularidade nos últimos anos como uma abordagem alimentar eficaz para a perda de peso e a melhoria da saúde. Mas o que exatamente é a dieta cetogênica e como ela funciona?

A dieta cetogênica é uma abordagem alimentar que é caracterizada por uma ingestão muito baixa de carboidratos, uma ingestão moderada de proteínas e uma ingestão alta de gorduras saudáveis. A ideia por trás da dieta é fazer com que o corpo entre em um estado de cetose, onde ele queima gordura para obter energia em vez de carboidratos.

Mas por que isso é importante? Quando o corpo queima carboidratos para obter energia, ele produz glicose, que é usada como combustível.

No entanto, quando a ingestão de carboidratos é muito baixa, o corpo começa a queimar gordura para obter energia em vez de carboidratos. Isso leva à produção de corpos cetônicos, que são usados como combustível no lugar da glicose. Aqui estão algumas das principais razões pelas quais a dieta cetogênica é eficaz para a perda de peso e a melhoria da saúde:

Redução da ingestão de carboidratos

Uma das principais razões pelas quais a dieta cetogênica é eficaz para a perda de peso é porque ela reduz a ingestão de carboidratos. Quando você come menos carboidratos, seu corpo precisa queimar gordura para obter energia em vez de carboidratos. Isso pode levar à perda de peso, pois seu corpo está queimando gordura armazenada em vez de carboidratos que você acabou de comer.

Aumento da saciedade

Outra maneira pela qual a dieta cetogênica ajuda na perda de peso é através do aumento da saciedade. Quando você come alimentos ricos em gordura e proteína, você se sente mais satisfeito e cheio por mais tempo. Isso pode levar a uma redução na ingestão de calorias ao longo do dia, o que também pode contribuir para a perda de peso.

Redução dos níveis de triglicerídeos no sangue

Os triglicerídeos são um tipo de gordura que é armazenado no corpo e pode contribuir para o ganho de peso. A dieta cetogênica tem sido mostrada para reduzir os níveis de triglicerídeos no sangue, o que pode ajudar a melhorar a saúde cardiovascular e reduzir o risco de doenças cardíacas.

Melhoria da sensibilidade à insulina

A dieta cetogênica também pode ajudar a melhorar a sensibilidade à insulina. A insulina é um hormônio que é responsável por regular os níveis de açúcar no sangue. Quando a sensibilidade à insulina é baixa, o corpo pode ter dificuldade em controlar os níveis de açúcar no sangue, o que pode levar a uma série de problemas de saúde, incluindo diabetes tipo 2. A dieta cetogênica tem sido mostrada para melhorar a sensibilidade à insulina em pessoas com diabetes tipo 2 e pré-diabetes.

Redução da inflamação

A inflamação crônica é um fator de risco para uma série de doenças crônicas, incluindo doenças cardíacas, diabetes tipo 2 e câncer. A dieta cetogênica tem sido mostrada para reduzir a inflamação no corpo, o que pode ajudar a melhorar a saúde geral.

Em resumo, a dieta cetogênica é uma abordagem alimentar eficaz para a perda de peso e a melhoria da saúde. Ao reduzir a ingestão de carboidratos e aumentar a ingestão de gorduras saudáveis, a dieta cetogênica pode ajudar a fazer com que o corpo queime gordura para obter energia em vez de carboidratos. Isso pode levar à perda de peso, bem como a uma série de outros benefícios para a saúde, incluindo a redução dos níveis de triglicerídeos no sangue, a melhoria da sensibilidade à insulina e a redução da inflamação.

Receita: Omelete de Abacate

Ingredientes:

- Sal e pimenta a gosto
- 1 colher de sopa de azeite
- 2 ovos
- 1/2 abacate maduro

Instruções:

1. Em uma tigela, bata os ovos e tempere com sal e pimenta. Em uma frigideira, aqueça o azeite em fogo médio. Despeje os ovos batidos na frigideira e cozinhe até a parte de baixo ficar firme.
2. Adicione o abacate fatiado na metade da omelete. Dobre a omelete ao meio, cobrindo o abacate. Cozinhe por mais alguns minutos

até que o abacate esteja aquecido. Sirva e aproveite!

Frango Grelhado com Legumes Assados:

Ingredientes:

- Azeite de oliva
- Sal e temperos a gosto
- Peitos de frango
- Legumes variados

Instruções:

1. Pré-aqueça o forno a 200°C. Corte os legumes em pedaços. Tempere os peitos de frango com sal, pimenta e outros temperos a gosto. Em uma assadeira, coloque os legumes cortados. Regue com azeite de oliva, sal e temperos. Coloque os peitos de frango em outra assadeira ou na grelha. Asse os legumes e grelhe o frango por cerca de 20-25 minutos, virando o frango uma vez durante o

cozimento. Verifique se o frango está cozido (temperatura interna de 75°C).

2. Sirva o frango grelhado sobre os legumes assados. Essa receita é simples e saudável, fornecendo proteínas e nutrientes dos legumes. Fique atento ao tempo de cozimento para não ressecar o frango.

Hambúrguer Caseiro

Ingredientes:

- Sal
- Queijo
- Carne moída
- Temperos a gosto

Instruções:

1. Em uma tigela, misture a carne moída com os temperos de sua escolha e uma pitada de sal.
2. Modele a mistura em formato de hambúrgueres, do tamanho que preferir.
3. Aqueça uma frigideira ou churrasqueira em fogo médio-alto.

4. Grelhe os hambúrgueres por cerca de 3-5 minutos de cada lado, ou até atingir o ponto desejado.
5. Se desejar, coloque uma fatia de queijo sobre cada hambúrguer e tampe por um minuto para derreter.
6. Sirva os hambúrgueres com guarnições de sua escolha, como uma salada, abacate, ou legumes grelhados.
7. Essa é uma maneira deliciosa de desfrutar de hambúrgueres sem o pão, mantendo a refeição com baixo teor de carboidratos. É uma ótima opção para quem segue a dieta cetogênica.

Hash Browns de repolho

Ingredientes

- 2 xícaras de repolho picado
- 1/4 de cebola amarela pequena, cortada em fatias finas
- 1 colher de sopa. óleo vegetal
- 2 ovos grandes
- 1/2 colher de chá pó de alho
- 1/2 colher de chá sal kosher
- Pimenta preta moída na hora

instruções

1. Bata os ovos, o alho em pó e o sal em uma tigela grande. Tempere com pimenta-do-reino.

2. Adicione o repolho e a cebola à mistura de ovo e misture.

3. Aqueça o óleo em uma frigideira grande em fogo médio.

4. Divida a mistura de repolho em quatro hambúrgueres na panela. Alise-os pressionando com uma espátula.

5. Cozinhe por cerca de 3 minutos de cada lado ou até que estejam dourados e macios.

6. Sirva com ovos, bacon ou outro alimento de sua escolha.

Copos de café da manhã ceto

Ingredientes

- 1/2 colher de chá cominho em pó

- 1 colher de chá. sal kosher

- Pimenta preta moída na hora

- 2 1/2 xícara de espinafre fresco picado

- 1 xícara de queijo cheddar branco picado

- 12 ovos

- 2 libras de carne de porco moída

- 1 colher de sopa. tomilho recém-picado

- 2 dentes de alho picados

- 1/2 colher de chá colorau

- 1 colher de sopa. cebolinhas recém-picadas

instruções

1. Pré-aqueça o forno a 400 graus Fahrenheit.
2. Combine a carne de porco moída, o tomilho, o alho, a páprica, o cominho e o sal em uma tigela grande. Tempere com pimenta.
3. Adicione a mistura a uma forma de muffin de modo que a carne de porco se comprima nas laterais para formar uma xícara.
4. Divida o espinafre e o queijo por igual e coloque-os na xícara.
5. Quebre um ovo por cima de cada xícara.
6. Tempere com sal e pimenta.

7. Cozinhe por cerca de 25 minutos ou até que os ovos estejam firmes e a salsicha esteja cozida.

8. Polvilhe a cebolinha por cima e sirva.

Almoço

Ingredientes

- 4 abacates maduros
- Suco de 1 limão
- 1 colher de sopa. azeite de oliva extra virgem
- 1 cebola média picada
- 1 kg de carne moída
- 1 pacote de tempero de taco
- sal Kosher
- Pimenta preta moída na hora
- 2/3 xícara de queijo mexicano ralado
- 1/2 xícara de alface picada

- 1/2 xícara de tomate uva aos quartos

- Creme de leite, para cobertura

instruções

1. Corte os abacates ao meio e retire o caroço.

2. Usando uma colher, retire um pouco do abacate para criar um poço maior.

3. Corte o abacate que tirou com a colher e reserve para depois.

4. Esprema o suco de limão sobre todos os abacates. Isso impedirá que dourem.

5. Aqueça uma frigideira média em fogo médio. Adicionar óleo.

6. Adicione a cebola na frigideira e cozinhe por cerca de 5 minutos ou até ficar macia.

7. Adicione a carne moída e o tempero para taco. Divida a carne com uma colher de pau.

8. Tempere com sal e pimenta.

9. Cozinhe por cerca de 6 minutos ou até que a carne não fique mais rosada.

10. Retire do fogo e escorra a gordura.

11. Encha cada abacate com carne.

12. Adicione o abacate cortado, o queijo, a alface, o tomate e o creme de leite por cima da carne.
13. Sirva e coma.

Receita De Frango ao Molho De Creme De Leite

Ingredientes:

- 2 filés de peito de frango
- 1 colher de sopa de manteiga ou óleo de coco
- 1/2 cebola picada
- 1 dente de alho picado
- 1/2 xícara de creme de leite
- 1 colher de sopa de queijo parmesão ralado
- Sal a gosto
- Pimenta do reino a gosto

instruções

1. Tempere os filés com sal e pimenta do reino a gosto.

2. Em uma frigideira, derreta a manteiga ou óleo de coco em fogo médio-alto.
3. Adicione o frango na frigideira e cozinhe por 5-6 minutos de cada lado, ou até que esteja cozido por completo. Reserve.
4. Em outra panela, refogue a cebola e o alho em fogo médio-baixo até que estejam dourados.
5. Adicione o creme de leite e mexa até que esteja bem misturado.
6. Adicione o queijo parmesão ralado e continue mexendo até que o molho esteja cremoso.
7. Coloque o frango de volta na panela com o molho e deixe cozinhar por mais 1 a 2 minutos até que esteja quente e bem revestido com o molho.
8. Sirva o frango com o molho branco acompanhado da salada de couve-flor.

Receita De Vitamina De Mirtilo

Ingredientes:

- 1 xícara de mirtilos frescos ou congelados
- 1/2 xícara de iogurte natural sem açúcar
- 1/4 xícara de leite de coco
- 1 colher de sopa de semente de chia
- 1 colher de sobremesa de adoçante natural (opcional)
- Gelo a gosto

instruções

1. Em um liquidificador, adicione os mirtilos, o iogurte, o leite de coco, as sementes de chia e o adoçante, se usar.
2. Bata todos os ingredientes até obter uma mistura homogênea.
3. Adicione gelo a gosto e bata novamente.

4. Despeje em um copo e sirva-se imediatamente.

5. Observação: essa receita contém cerca de 8g de carboidratos líquidos por porção, então é importante lembrar de incluir no seu plano alimentar de acordo com suas necessidades diárias.

Receita De Vitamina De Leite De Coco Com Cereja

Ingredientes:

- 1/4 colher de chá de canela em pó
- Adoçante a gosto (opcional)
- 1 xícara de leite de coco
- 1 xícara de cerejas congeladas
- 1/2 colher de chá de extrato de baunilha

instruções

1. Coloque o leite de coco, cerejas, extrato de baunilha e canela em um liquidificador.
2. Bata até ficar homogêneo.
3. Adicione adoçante a gosto, se desejar e sirva-se imediatamente.
4. Essa receita é rica em gorduras boas e antioxidantes, além de ser uma opção

refrescante e saborosa para os dias mais quentes.
5. É importante lembrar que o consumo de cerejas deve ser moderado em uma dieta cetogênica, devido ao seu teor de carboidratos.

Muffins de Omelete

Ingredientes:

- Presunto picado
- ¼ xícara de espinafre escorrido
- ¼ xícara de cebola picada
- ¼ xícara de pimentão vermelho picado
- ¼ xícara de queijo ralado
- 1 Colher de Sopa. Manteiga
- 10 ovos
- Sal e pimenta a gosto
- ½ xícara de

Instruções:
1. Pré-aqueça o forno a 350 graus.
2. Cubra uma forma de muffin com spray antiaderente.
3. Bata os ovos e junte os ingredientes restantes.

4. Encha a forma de muffin com a mistura
5. Asse por 25 minutos.

Café da manhã de caçarola

Ingredientes:

- Sal e pimenta a gosto

- 1 pacote de espinafre congelado descongelado

- 1 xícara de cogumelos fatiados

- 1 libra de carne de salsicha esfarelada

- 10 ovos

- ¼ xícara de creme de leite

- 1 xícara de queijo ricota

- 1 cebola em cubos

Instruções:

1. Pré-aqueça o forno a 350 graus.
2. Bata bem os ovos, as natas, a ricota e a cebola.
3. Tempere com sal e pimenta.

4. Adicione o espinafre, os cogumelos e a linguiça esfarelada.
5. Asse por 30 minutos.

Panquecas Keto

Ingredientes:

- 6 ovos batidos
- ¼ xícara de iogurte grego natural
- 3 colheres de sopa. manteiga derretida
- 1 colher de chá extrato de limão
- 1 ¼ xícara de farinha de amêndoa
- 2 colheres de sopa. Mel
- Pitada de sal
- 1 colher de chá. fermento em pó
- 1 colher de chá canela

Instruções:

1. Misture a farinha, o fermento e a canela em uma tigela.
2. Misture os ovos, mel, iogurte, extrato de limão e manteiga em outra tigela.

3. Lentamente misture a mistura do ovo na mistura da farinha.
4. Use duas colheres de sopa de massa e coloque em uma chapa quente. Cozinhe por 4 minutos, depois vire e cozinhe por mais 2 minutos. Continue até que toda a massa tenha sido usada.

Repolho roxo maçã

Ingredientes:

- 1 colher de chá Cravo moído
- ½ colher de chá pimenta da Jamaica
- ½ colher de chá noz-moscada
- Sal e pimenta a gosto
- 1 repolho vermelho picado
- 8 fatias de bacon, cortadas em pedaços
- 1 cebola grande em cubos
- 1 maçã descascada e fatiada
- 2 xícaras de caldo de galinha
- 3 colheres de sopa. vinagre de cidra vermelha
- 2 colheres de sopa. açúcar de coco ou substituto do açúcar, como Splenda

Instruções:

1. Frite o bacon em uma frigideira até ficar crocante. Adicione a cebola e refogue por 5-6 minutos.
2. Junte o caldo, o açúcar, o vinagre, as especiarias, o sal e a pimenta. Adicione o repolho e cozinhe em fogo baixo por 45 minutos.
3. Informações nutricionais: 160 calorias; 7,8 g de gordura; 16 g de carboidratos; 4 g de proteína.

Granola de canela

Ingredientes:

- 2 colheres de sopa. sementes de girassol
- ½ colher de chá. Canela
- 1 Colher de Sopa. açúcar de coco
- 1 colher de sopa. manteiga derretida
- 1 xícara de nozes picadas
- ½ xícara de coco ralado
- ¼ xícara de amêndoas fatiadas

Instruções:

1. Pré-aqueça o forno a 375 graus.
2. Combine as nozes, o coco ralado, as amêndoas fatiadas e as sementes de girassol.
3. Adicione canela e açúcar de coco e mexa na mistura de nozes.

4. Espalhe a mistura em uma única camada sobre uma assadeira. Regue com a manteiga derretida.
5. Asse por 20 minutos.
6. Informações nutricionais: 180 calorias; 19 g de gordura; 4,1 g de carboidratos; 4 g de proteína.

Enrolado de frango e bacon

Ingredientes:

- 1 xícara de cream cheese
- ½ xícara de queijo cottage
- Sal e pimenta a gosto
- 12 fatias de bacon
- 2 libras peito de frango desossado e sem pele
- 2 xícaras de espinafre picado
- 1 xícara de cogumelos fatiados

Instruções:
1. Pré-aqueça o forno a 375 graus
2. Misture o espinafre, o cogumelo, o cream cheese e o queijo cottage em uma tigela.
3. Tempere a mistura com sal e pimenta.
4. Use um macete para achatar os pedaços de frango com 1/2 polegada de espessura. Use

uma faca afiada para cortar os bolsos em uma das pontas.
5. Coloque a mistura nos bolsos.
6. Enrole duas fatias de bacon em cada pedaço de frango.
7. Doure o frango embrulhado em uma frigideira 5 minutos de cada lado. Coloque os pedaços de frango em uma assadeira.
8. Asse o frango por 45 minutos. O bacon deve estar crocante e o frango pronto.

Salada Cobb

Ingredientes

- 1 colher de chá. Mostarda Dijon

- 2 colheres de sopa. cebola em cubos Sal e pimenta gosto

- 1 Colher de Sopa. Azeite

- 1 Colher de Sopa. vinagre branco

Ingredientes para Salada Cobb:

- 1 ovo cozido fatiado

- 2 xícaras de verduras picadas

- 1 abacate fatiado

- 4 fatias de bacon cozidas e fatiadas

- ¾ xícara de frango cozido em cubos ½ xícara de tomate picado

- ½ xícara de queijo azul

- 2 colheres de sopa de queijo azul

Instruções:

1. Arrume as verduras em um prato
2. Arrume as fileiras de frango, tomate picado, queijo azul, fatias de ovo, fatias de abacate e pedaços de bacon por cima das verduras.
3. Combine todos os ingredientes do molho.
4. Regue o molho sobre a salada.

Carne assada em fogo baixo

Ingredientes:

- 2 dentes de alho picados
- 1 cebola picada
- 2½ xícara de caldo de carne
- ½ xícara de vinho tinto seco
- 2 kg de carne para assada
- Sal e pimenta a gosto
- 1 colher de sopa azeite

Instruções:

1. Tempere o assado com sal e pimenta. Salgue e apimente o assado.
2. Numa frigideira aqueça o azeite e doure o assado por todos os lados.
3. Coloque o assado e os ingredientes restantes na panela elétrica. Misture os ingredientes para combinar.

4. Cozinhe em fogo baixo por 6 horas.

Keto Cereal

Ingredientes

- 1/2 colher de chá de cravinho moído
- 1 1/2 colher de chá de canela moída
- 1 colher de chá de extrato puro de baunilha
- 1/2 colher de chá de sal kosher
- 1 clara de ovo grande
- 1/4 chávena de óleo de coco derretido
- Azeite de cozedura
- 1 chávena de amêndoas, picadas
- 1 chávena de nozes, picadas
- 1 chávena de flocos de coco não adoçados
- 1/4 chávena de sementes de sésamo
- 2 colheres de sopa de sementes de linho

- 2 colheres de sopa de sementes de chia

Instruções

1. Pré-aquecer o forno a 360 graus.
2. Folha de cozedura de gordura com um spray de cozedura.
3. Misturar as amêndoas, nozes, flocos de coco, sementes de sésamo, sementes de linho, e sementes de chai numa grande tigela de mistura.
4. Adicionar no cravo-da-índia, canela, baunilha e sal.
5. Numa tigela separada, bater a clara de ovo até à espuma. Mexer na mistura de granola.
6. Acrescentar óleo de coco à mistura.
7. Verter sobre a folha de cozedura preparada e espalhá-la numa camada uniforme.
8. Cozer durante 20 a 25 minutos, ou até dourar. Mexer a meio.
9. Deixe arrefecer antes de servir.

Hash Browns de repolho

Ingredientes

- 2 chávenas de couve desfiada
- ¼ pequena cebola amarela, cortada em fatias finas
- 1 colher de sopa de óleo vegetal
- 2 ovos grandes
- ½ colher de chá de alho em pó
- ½ colher de chá de sal kosher
- Pimenta preta moída na altura

Instruções

1. Bater os ovos, alho em pó e sal numa grande tigela de mistura. Tempere-o com pimenta preta.
2. Adicionar a couve e a cebola à mistura de ovos e combinar.

3. Aqueça o óleo numa frigideira grande em lume médio.
4. Dividir a mistura de repolho em quatro na frigideira. Aplaná-los pressionando com uma espátula.
5. Cozinhar durante cerca de 3 minutos por lado ou até ficarem dourados e tenros.
6. Servir com ovos, bacon, ou outro alimento à sua escolha.

Muffin Keto para o pequeno-almoço

Ingredientes

- 1/2 colher de chá de cominho moído
- 1 colher de chá de sal kosher
- Pimenta preta moída na altura
- 2 1/2 chávena de espinafres frescos picados
- 1 copo de cheddar branco ralado
- 12 ovos
- 1 colher de sopa de cebolinho recém picado
- 900 gramas de carne de porco moída
- 1 colher de sopa de tomilho recém picado
- 2 dentes de alho, picados
- 1/2 colher de chá de paprica

Instruções

1. Pré-aquecer o forno a 200ºC.

2. Combinar a carne de porco moída, tomilho, alho, pimentão, cominho, e sal numa tigela grande.
3. Tempere com pimenta.
4. Adicionar a mistura a um copo de muffin para que a carne de porco pressione para cima nas laterais para criar uma chávena.
5. Dividir uniformemente espinafres e queijo e colocá-los na chávena.
6. Partir um ovo na parte superior de cada chávena.
7. Tempere com sal e pimenta.
8. Cozinhar durante cerca de 25 minutos, ou até os ovos estarem prontos e a salsicha estar cozinhada.
9. Polvilhar o cebolinho por cima e servir.

Muffins de omelete

Ingredientes:

- ¼ xícara de pimentão vermelho picado
- ¼ xícara de queijo picado Pepper Jack
- 1 colher de sopa. manteiga 10 ovos Sal e pimenta a gosto ½ xícara de presunto em cubos
- ¼ xícara de espinafre drenado
- ¼ xícara de cebola picada

Instruções:

1. Pré-aqueça o forno a 350 graus. Cubra uma panela de muffin com spray antiaderente. Bata os ovos e misture os ingredientes

restantes. Encha a forma do muffin com a mistura Asse por 25 minutos.

Caçarola de café da manhã

Ingredientes:

- 10 ovos ¼ xícara de creme de leite
- 1 xícara de queijo ricota
- 1 cebola picada Sal e pimenta a gosto
- 1 pacote descongelado espinafre congelado
- 1 xícara de cogumelos fatiados
- 1 lb carne de salsicha desintegrado

Instruções:

1. Preaqueça o forno a 350 graus. Bata os ovos, o creme de leite, a ricota e a cebola bem.

2. Tempere com sal e pimenta. Adicione o espinafre, cogumelos e salsichas desintegradas. Asse por 30 minutos.

Panquecas Ceto

Ingredientes:

- ¼ xícara simples iogurte grego
- 3 colheres de sopa. manteiga derretida
- 1 colher de chá. Extrato de limão
- 1 ¼ xícara de farinha de amêndoa
- 2 colheres de sopa. mel traço de sal
- 1 colher de chá. fermento em pó
- 1 colher de chá. canela
- 6 ovos batidos

Instruções:

1. Misture a farinha, o fermento e a canela em uma tigela. Combine os ovos, mel, iogurte, extrato de limão e manteiga em outra tigela.
2. Mexa lentamente a mistura de ovos na mistura de farinha. Use duas colheres de sopa de massa e coloque em uma chapa quente.
3. Cozinhe por 4 minutos, depois vire e cozinhe por mais 2 minutos. Continue até que toda a massa tenha sido usada.

.

Repolho vermelho maçã

Ingredientes:

- 3 colheres de sopa. vinagre de cidra vermelho
- 2 colheres de sopa. açúcar de coco ou substituto de açúcar, como Splenda
- 1 colher de chá. cravo moído
- ½ colher de chá. pimenta da Jamaica
- ½ colher de chá. noz-moscada Sal e pimenta a gosto
- 1 cabbag vermelho desfiado
- 8 fatias de bacon, cortadas em pedaços
- 1 cebola grande em cubos
- 1 maçã descascada e fatiada
- 2 xícara de caldo de galinha

Instruções:

1. Frite o bacon em uma frigideira até ficar crocante. Adicione a cebola e refogue por 5-6 minutos. Adicione o caldo, o açúcar, o vinagre, as especiarias, o sal e a pimenta. Adicione o repolho e cozinhe em fogo baixo por 45 minutos.

Pão Macio Cetogênico

Ingredientes:

- 2 colheres de sopa de azeite
- 12 xícaras de manteiga, derretida e resfriada
- 7 ovos, temperatura ambiente; spray de cozimento
- ½ colher de chá de sal marinho
- ½ colher de chá de goma xantana
- 1 colher de chá de fermento em pó
- 2 xícaras de farinha de amêndoa escaldada

Instruções

1. Pré-aqueça o forno a 176° C (350° Fahrenheit)

2. Prepare sua bandeja de pão de silicone untando-a com óleo spray.
3. Em uma tigela, bata todos os ovos por cerca de 3 minutos até que fiquem cremosos e macios. Adicione o azeite de oliva e a manteiga derretida e misture até obter uma boa mistura.
4. Em uma tigela separada, combine farinha de amêndoa, sal, goma xantana e fermento em pó. Misture bem e depois acrescente gradualmente à mistura de ovos. Misture bem até formar uma massa espessa.
5. Despeje a massa na assadeira untada e depois use uma espátula para alisar a parte superior.
6. Cozer por cerca de 45 minutos até que um palito saia limpo quando inserido no centro.

Pão Cetogênico

Ingredientes:

- 1 colher de chá de fermento em pó
- 7 ovos grandes; 30 g de óleo de coco
- 1 g de manteiga derretida
- ½ colher de chá de sal
- ½ colher de chá de goma xantana
- 200 g de farinha de amêndoa

Instruções

1. Pré-aquecer o forno a 180° C (355° Fahrenheit)
2. Bater os ovos em uma tigela por 1-2 minutos no alto. Acrescente a manteiga derretida e o

óleo de coco e continue a bater. Adicione o resto dos ingredientes; a massa resultante será bastante espessa.

3. Prepare sua forma de pão forrando-a com papel vegetal e depois raspando a mistura para dentro da forma.
4. Cozer durante 45 minutos ou até que um espeto saia limpo.
5. Cortar em 16 fatias finas e depois armazenar no refrigerador em um recipiente hermético por até uma semana ou no freezer por até um mês.

Queque Keto Matinal

Ingredientes

- 3 colheres de sopa de óleo de coco
- 2 colheres de sopa de Erythritol
- 1 colher de chá de extrato de baunilha
- 1 colher de chá de fermento em pó
- 3 colheres de sopa de cereais simples Keto
- 3 ovos
- 2 colheres de sopa de creme de leite
- 2 colheres de sopa de farinha de linhaça

Instruções

1. Pré-aqueça o forno a 160 ºC
2. Em uma tigela de misture o cereal, adicione
3. óleo de coco e misture bem
4. Adicione o resto dos ingredientes e misture

5. Despeje massa em 6-8 cupcakes e cozinhe por 15-18
6. minutos
7. Remover e servir

Panquecas Keto

Ingredientes

- ½ colher de chá de canela

- 1 colher de sopa de manteiga

- ½ copo de creme de queijo

- ½ xícara de farinha de amêndoa

- 3 ovos

Instruções

1. Coloque todos os ingredientes em uma tigela e misture usando um
2. liquidificador
3. Em uma frigideira, servir 2-3 colheres de sopa de mistura de panqueca e deixar cozinhar durante 1-2 minutos por lado
4. Remover e cobrir com canela ou manteiga

Sanduíche Matinal

Ingredientes

- 3 colheres de sopa de queijo cheddar ralado
- 1 ovo
- 1 fatia de bacon
- sal

Instruções

1. Em uma frigideira adicionar queijo ralado em fogo médio
2. e remover para uma folha de papel quando ela começar a derreter
3. Cozinhe o ovo como você quiser, coloque-o sobre o queijo e
4. tempere com sal
5. Coloque o queijo restante por cima e sirva

Salada de Atum com Abacate:

Ingredientes:

- 1 pepino médio (opcional, para um toque refrescante)
- 2 colheres de sopa de azeite de oliva
- Suco de 1 limão
- Sal e pimenta a gosto
- 1 lata de atum (em água ou óleo, escorrido)
- 1 abacate maduro
- Alface ou rúcula (quantidade desejada)

Instruções:

1. Em uma tigela, misture o atum escorrido com o azeite de oliva, suco de limão, sal e pimenta.

2. Corte o abacate ao meio, retire o caroço e corte a polpa em pedaços.
3. Se estiver usando pepino, descasque-o e corte em rodelas.
4. Arrume as folhas de alface ou rúcula em um prato.
5. Coloque a mistura de atum sobre as folhas.
6. Acrescente os pedaços de abacate e o pepino (se estiver usando).
7. Misture delicadamente todos os ingredientes e ajuste o tempero conforme seu gosto.
8. Essa salada é rica em gorduras saudáveis do abacate e proteínas do atum, fazendo dela uma opção nutritiva e saborosa para um almoço leve ou jantar.

Omelete de Queijo e Espinafre:

Ingredientes:

- 2 ovos
- 1/4 xícara de queijo (cheddar, muçarela, ou o de sua preferência, ralado)
- 1/4 xícara de espinafre fresco, picado
- Sal e pimenta a gosto
- Uma pitada de manteiga ou azeite de oliva para a frigideira

Instruções:

1. Em uma tigela, bata os ovos até que as gemas e as claras estejam bem misturadas. Tempere com sal e pimenta.

2. Aqueça uma frigideira antiaderente em fogo médio e adicione uma pitada de manteiga ou azeite de oliva.
3. Despeje os ovos batidos na frigideira, espalhando uniformemente.
4. Quando a omelete começar a firmar nas bordas, adicione o queijo ralado e o espinafre picado em um lado da omelete.
5. Dobre a outra metade da omelete sobre o queijo e espinafre.
6. Cozinhe por mais alguns minutos até que o queijo derreta e a omelete esteja completamente cozida.
7. Use uma espátula para deslizar a omelete para um prato.
8. Sirva quente e aproveite!
9. Essa omelete é uma opção rápida e deliciosa para o café da manhã, almoço ou jantar. Cheia de proteínas, é uma ótima escolha para quem segue a dieta cetogênica.

Bife com Manteiga de Ervas:

Ingredientes:

- 2 colheres de sopa de manteiga
- Ervas frescas (alecrim, tomilho, sálvia, ou sua escolha)
- 2 dentes de alho, picados (opcional, para um toque de sabor)
- Bifes de carne (filé mignon, contrafilé, ou sua preferência)
- Sal e pimenta a gosto

Instruções:

1. Tempere os bifes com sal e pimenta em ambos os lados.
2. Aqueça uma frigideira em fogo médio-alto.

3. Adicione um pouco de azeite ou manteiga na frigideira.
4. Coloque os bifes na frigideira e cozinhe por alguns minutos de cada lado, dependendo do ponto desejado.
5. Enquanto os bifes estão cozinhando, em outra panela, derreta as 2 colheres de sopa de manteiga em fogo médio.
6. Adicione as ervas frescas e o alho picado à manteiga derretida. Cozinhe por cerca de um minuto para infundir os sabores.
7. Quando os bifes estiverem prontos, retire-os da frigideira e coloque-os em um prato.
8. Despeje a manteiga de ervas sobre os bifes.
9. Deixe descansar por alguns minutos antes de servir.
10. Essa receita de bife com manteiga de ervas é uma maneira deliciosa de dar sabor aos seus bifes. A manteiga de ervas adiciona um toque especial a essa refeição rica em proteínas e

baixa em carboidratos, adequada para a dieta cetogênica.

Búfalo Camarão Alface Wraps

Ingredientes

- Pimenta preta moída na hora
- 1 cabeça de alface romana, folhas separadas, para servir
- 1/4 de cebola roxa picada finamente
- 1 costela de aipo em fatias finas
- 1/2 xícara de queijo azul, esfarelado
- 1/4 colher de sopa. manteiga
- 2 dentes de alho picados
- 1/4 xícara de molho picante, como Frank's

- 1 colher de sopa. azeite de oliva extra virgem

- 1 quilo de camarão, descascado e raspado, caudas removidas

- sal Kosher

instruções

1. Comece fazendo o molho Buffalo. Derreta a manteiga em uma panela em fogo médio.

2. Adicione o alho à manteiga derretida assim que estiver completamente derretida. Cozinhe até ficar perfumado, o que normalmente dura cerca de um minuto.

3. Adicione o molho picante à manteiga de alho e misture bem.

4. Reduza o fogo.

5. Quando o molho Buffalo estiver no fogo baixo, pegue uma frigideira grande diferente e aqueça o óleo em fogo médio.

6. Adicione o camarão à frigideira e tempere com sal e pimenta.

7. Cozinhe por cerca de 2 minutos de cada lado ou até rosa e opaco.

8. Desligue o fogo e adicione o molho de búfalo à frigideira de camarão. Misture bem o camarão.

9. Lave e prepare folhas de alface romana.

10. Adicione uma colher de camarão a cada folha de alface romana.

11. Cubra com cebola roxa, aipo e queijo azul.

12. Sirva e coma.

Salada de couve-flor carregada

Ingredientes

- 1 cabeça grande de couve-flor cortada em floretes
- 6 fatias de bacon
- 1/2 xícara de creme de leite
- 1/4 xícara de maionese
- 1 colher de sopa. suco de limão
- 1/2 colher de chá pó de alho
- sal Kosher
- Pimenta do reino moída na hora
- 1 1/2 xícara de cheddar picado

- 1/4 xícara de cebolinha picada

instruções

1. Ferva cerca de 1/4 de polegada de água em uma frigideira grande.

2. Adicione a couve-flor e tampe a panela. Deixe a couve-flor cozinhar por cerca de 4 minutos ou até ficar macia.

3. Escorra e deixe a couve-flor esfriar enquanto prepara os outros ingredientes.

4. Cozinhe o bacon até ficar crocante em uma frigideira em fogo médio. Isso levará cerca de 3 minutos de cada lado.

5. Transfira o bacon para um prato forrado com papel toalha. Escorra e pique o bacon.

6. Bata o creme de leite, a maionese, o suco de limão e o alho em pó em uma tigela grande.

7. Adicione a couve-flor à tigela e mexa delicadamente.

8. Tempere com sal e pimenta.

9. Junte o bacon, o queijo cheddar e a cebolinha.

10. Você pode servir quente ou em temperatura ambiente.

Keto Mac & Cheese

Ingredientes

- 1 Colher de Sopa. molho picante (opcional)
- Cobertura de pimenta do reino moída na hora
- 4 onças. cascas de porco esmagadas
- 1/4 xícara de parmesão ralado na hora
- 1 colher de sopa. azeite de oliva extra virgem
- 2 colheres de sopa. salsa picada na hora, para enfeitar
- Mac & Cheese
- Manteiga, para assar na assadeira

- 2 cabeças médias de couve-flor, cortadas em floretes
- 2 colheres de sopa. azeite de oliva extra virgem
- sal Kosher
- 1 xícara de creme de leite
- 6 onças. cream cheese cortado em cubos
- 4 xícaras de queijo cheddar picado
- 2 xícaras de mussarela picada

instruções

1. Pré-aqueça o forno a 375 graus Fahrenheit.
2. Unte com manteiga uma assadeira de 23 x 33 cm Deixou de lado.

3. Adicione a couve-flor e duas colheres de sopa de óleo em uma tigela grande e misture. Tempere com sal.
4. Espalhe a couve-flor em duas assadeiras grandes. Asse por cerca de 40 minutos ou até ficarem macios e levemente dourados.
5. Enquanto a couve-flor está torrando, faça o creme. Aqueça o creme em uma panela grande em fogo médio.
6. Leve para ferver e diminua o fogo para baixo.
7. Adicione os queijos e mexa até derreter. Retire do fogo.
8. Adicione o molho picante e tempere com sal e pimenta.
9. Junte a couve-flor torrada.
10. Mova a mistura para a assadeira preparada.
11. Misture as cascas de porco, o parmesão e o azeite em uma tigela média. Polvilhe sobre a couve-flor e o queijo.
12. Asse por cerca de 15 minutos ou até dourar.

13. Você pode levar o forno para grelhar por cerca de 2 minutos depois.
14. Enfeite com salsa.
15. Sirva e coma.

Receita De Atum Com Salada Verde De Rúcula

Ingredientes:

- 1/4 xícara de sementes de abóbora
- 2 colheres de sopa de azeite de oliva
- Sal e pimenta a gosto
- 1 lata de atum em água
- 2 xícaras de rúcula
- 2 xícaras de alface
- 2 xícaras de agrião

instruções

1. Escorra o atum em água e coloque em uma tigela.
2. Em outra tigela, misture a rúcula, alface e agrião.
3. Adicione as sementes de abóbora e tempere com sal e pimenta.

4. Adicione o azeite de oliva na salada e misture bem.
5. Despeje a salada sobre o atum e misture delicadamente, sirva-se e aproveite!

Receita De Ovos Mexidos Com Tomate

Ingredientes:

- Sal a gosto

- Pimenta a gosto

- 2 ovos

- 1 tomate cortado em cubinhos

- 1 colher de sopa de azeite de oliva

instruções

1. Em uma frigideira antiaderente, aqueça o azeite de oliva em fogo médio.
2. Adicione o tomate e refogue até que ele comece a amolecer, mexendo sempre.
3. Quebre os ovos em um recipiente e misture bem com um garfo.
4. Despeje os ovos na frigideira e misture com o tomate.
5. Cozinhe até que os ovos estejam cozidos, mas ainda úmidos.

6. Tempere com sal e pimenta a gosto e sirva quente.
7. Dica: Para uma opção ainda mais cremosa, você pode adicionar uma colher de sopa de creme de leite aos ovos antes de despejá-los na frigideira

Receita De Hambúrguer Caseiro Com Queijo Cheddar

Ingredientes:

- 500g de patinho moído

- 1/2 cebola picada

- 1 dente de alho picado

- 1 colher de chá de sal

- Pimenta do reino a gosto

- 4 fatias de queijo cheddar

instruções

1. Em uma tigela, misture a carne moída, a cebola, o alho, o sal e a pimenta do reino.
2. Divida a mistura em 4 partes iguais e forme os hambúrgueres.
3. Em uma frigideira antiaderente, grelhe os hambúrgueres até ficarem dourados e cozidos ao seu gosto.

4. Adicione uma fatia de queijo cheddar em cada hambúrguer e deixe derreter.

Taco Recheado de Abacates

Ingredientes

- 1 pacote de tempero de taco

- Sal Kosher

- Pimenta preta moída na altura

- 2/3 chávena de queijo mexicano desfiado

- 1/2 copo de alface desfiada

- 1/2 copo de tomate de uva em quartos

- Creme azedo, para cobertura

- 4 abacates maduros

- Sumo de 1 lima

- 1 colher de sopa de azeite extra virgem

- 1 cebola média, picada

- 450 gramas. de carne moída

Instruções

1. Cortar os abacates ao meio e remover o caroço.
2. Usando uma colher, retire um pouco do abacate para que se crie um poço maior.
3. Corte o abacate que retirou com a colher e guarde-o para mais tarde.
4. Espremer sumo de lima sobre todos os abacates. Isto evitará que fiquem dourados.
5. Aqueça uma frigideira média. Acrescentar óleo.
6. Acrescentar a cebola à frigideira e cozinhar durante cerca de 5 minutos, ou até que a cebola esteja tenra.
7. Acrescentar o tempero de carne moída e de taco.
8. Partir a carne com uma colher de pau.
9. Tempere com sal e pimenta.
10. Cozinhar durante cerca de 6 minutos, ou até a carne já não estar rosa.

11. Retirar do calor e drenar a gordura.
12. Encher cada abacate com carne de vaca.
13. Adicionar ao abacate cortado, queijo, alface, tomate, e creme azedo por cima da carne.
14. Servir e comer.

Embrulhos de Alfaces e Camarão com molho búfalo

Ingredientes

- Pimenta preta moída na altura
- 1 cabeça de alface romana, folhas separadas, para servir
- 1/4 de cebola vermelha, finamente picada
- 1 aipo de costela, cortado em fatias finas
- 1/2 chávena de queijo azul, esmigalhado
- 1/4 colher de sopa de manteiga
- 2 dentes de alho, picados
- 1/4 chávena de molho picante
- 1 colher de sopa de azeite extra-virgem
- 500 gramas de camarão, descascado e desfiado, rabos removidos

- Sal Kosher

Instruções

1. Comece por fazer o molho Búfalo. Derreter a manteiga numa caçarola em lume médio.
2. Acrescentar alho à manteiga derretida depois de ter sido completamente derretida.
3. Cozinhar até estar perfumado, o que normalmente é cerca de um minuto.
4. Adicionar molho picante à manteiga de alho e mexer para combinar.
5. Reduzir a temperatura.
6. À medida que o molho Búfalo se põe num queimador a baixa temperatura, pegue numa frigideira grande diferente e aqueça em lume médio.
7. Adicionar camarão à frigideira e temperar com sal e pimenta.
8. Cozinhar durante cerca de 2 minutos por lado, ou até ficar rosa e opaco.

9. Desligar o calor e adicionar o molho Búfalo à frigideira de camarão. Revestir o camarão.
10. Lavar e preparar folhas de alface.
11. Adicionar uma bola de camarão a cada folha de alface.
12. Tampo com cebola vermelha, aipo, e queijo azul. Servir e comer.

Salada de couve-flor carregada

Ingredientes

- Sal Kosher

- Pimenta preta moída na altura

- 1 1/2 copo cheddar ralado

- 1/4 chávena de cebolinho finamente picado

- 1 couve-flor de cabeça grande, cortada em floretes

- 6 fatias de bacon

- 1/2 chávena de creme azedo

- 1/4 xícara de maionese

- 1 colher de sopa de sumo de limão

- 1/2 colher de chá de alho em pó

Instruções

1. Ferver água numa panela

2. Acrescentar couve-flor e cobrir a panela. Deixar a couve-flor a vapor durante cerca de 4 minutos, ou até que esteja tenra.
3. Escorra e deixe a couve-flor arrefecer enquanto faz os outros ingredientes.
4. Cozinhar bacon até ficar crocante numa frigideira em lume médio. Isto será cerca de 3 minutos por lado.
5. Transferir o bacon para uma placa de papel alumínio. Drenar e cortar o toucinho.
6. Bater o creme azedo, maionese, sumo de limão e alho em pó numa tigela grande.
7. Acrescentar couve-flor à taça e atirar suavemente.
8. Tempere com sal e pimenta.
9. Dobra-se em bacon, cheddar e cebolinho.
10. Pode servir quente ou à temperatura ambiente.

Granola de canela

Ingredientes:

- 1 xícara de nozes picadas
- ½ xícara de coco ralado
- ¼ xícara de amêndoas fatiadas
- 2 colheres de sopa. sementes de girassol
- ½ colher de chá. canela
- 1 colher de sopa. coqueiro de açúcar
- 1 colher de sopa. manteiga derretida

Instruções:

1. Pré-aqueça o forno a 375 graus. Combine as nozes, coco ralado, amêndoas fatiadas e sementes de girassol. Adicione canela e açúcar de coco e mexa na mistura de nozes.

Espalhe a mistura em uma única camada em uma assadeira.

Omelete de ervas com salmão defumado

Ingredientes:

- 1 colher de sopa. Manteiga
- 2 colheres de sopa. cebola picada
- 4 fatias de tomate muito finas
- 2 salmão defumado cortado
- 1 colher de chá. alcaparras
- 2 colheres de sopa. manteiga
- 2 ovos batidos
- 1 colher de chá. estragão
- 1 colher de chá. tomilho Sal e pimenta a gosto

Instruções:

1. Bata os ovos e adicione o estragão, tomilho, sal e pimenta. Derreta a manteiga em uma frigideira e adicione os ovos batidos e as cebolas picadas. Cozinhe por 3-4 minutos, até que os ovos comecem a endurecer. Transfira a omelete para um prato e cubra com as fatias de tomate e salmão.

Salada Cheeseburger

Ingredientes:

- 1 tomate fatiado
- ¼ xícara de queijo cheddar picado
- 4 colheres de sopa. molho de azeite e vinagre
- 1 lb de carne moída Sal e pimenta a gosto
- 3 xícaras de alface picada
- 1 cebola pequena em cubos

Instruções:

1. Frite a carne moída em uma frigideira por 4 minutos. Adicione a cebola e cozinhe por mais 5 minutos. Coloque a carne e as cebolas em uma tigela e adicione os ingredientes restantes, exceto o molho.

Pãezinhos Macios

Ingredientes:

- ¼ xícara de água fervente
- 1 ovo em temperatura ambiente
- 3 claras de ovo em temperatura ambiente
- Sementes de gergelim para polvilhar
- 1 colher de chá de fermento em pó
- 1 colher de sopa de casca de psílio em pó
- ¼ xícara de farinha de coco
- ¼ xícara de farinha de amêndoa

Instruções

1. Pré-aqueça seu forno a 180° C (356° Fahrenheit)
2. Misture todos os ingredientes secos e depois coloque-os no processador de alimentos junto com todos os ingredientes restantes ou

misture em um liquidificador elétrico por aproximadamente 20 segundos até ficar macio. Não misturar em demasia.

3. Deixe a massa descansar por alguns minutos para permitir que as farinhas absorvam a umidade.
4. Dividir a massa em 4 porções iguais e depois formar os pãezinhos.
5. Prepare sua folha de cozimento forrando-a com papel pergaminho e depois coloque os pãezinhos em cima. Polvilhe com sementes de gergelim ou qualquer outra semente de sua escolha.
6. Em cima dos pães, fazer cortes cruzados e assar até dourar, cerca de 25 minutos.

Pães de Queijo para Hambúrguer

Ingredientes:

4 colheres de sopa de manteiga derretida

temperada com ervas

3 xícaras de farinha de amêndoa

4 ovos grandes

4 onças de queijo creme

2 xícaras de mozzarella, triturada

sementes de sésamo

Instruções
1. Pré-aqueça o forno a 400° Fahrenheit (204° C)
2. Preparar uma assadeira forrando-a com papel pergaminho
3. Derreta o queijo creme e o queijo mozzarella. Adicione 3 dos ovos e depois mexa para

combinar. Adicione a farinha de amêndoa e misture

4. Formar 6 bolas na forma de um pão de massa e depois colocá-las sobre a assadeira previamente preparada
5. Pincelar com ovo e manteiga restantes, depois polvilhar com sementes de gergelim
6. Cozer por 10 a 12 minutos até dourar.

Pãezinhos de Baixo Teor de Carboidratos

Ingredientes:

1 ovo grande

2 onças de creme de queijo, em cubos

1 ½ xícara de mozzarella desnatada

1 ¼ xícara de farinha de amêndoa

1 colher de chá de bicarbonato de sódio

2 colheres de sopa de soro de leite isolado

Instruções

1. Em uma tigela à prova de micro-ondas, queijo creme derretido e mozzarella juntos no micro-ondas por 1 minuto. Misturar e micro-ondas por mais 30-45 segundos. Transfira isto para um processador de alimentos e processe até que esteja bem misturado.
2. Adicione os ovos e misture novamente. Na mistura de queijo e ovo, adicionar os

ingredientes secos e processar por 10-15 segundos até que bem combinado, deve ser muito pegajoso.

3. Pulverizar óleo de cozinha sobre um pedaço de filme pegajoso e depois despejar a massa de pão no centro. Molde suavemente a massa em um retângulo ou disco e depois congele para esfriar enquanto prepara o forno.
4. Sua massa não precisa ir para o freezer se não for muito pegajosa.
5. Pré-aqueça o forno a 400°F (204°C) e depois coloque a cremalheira no meio do forno. Preparar uma assadeira forrando-a com um pedaço de pergaminho ou um tapete de cozimento.
6. Retirar a massa do refrigerador e cortá-la em 8 pedaços. Olear levemente suas mãos e depois enrolar uma porção de massa suavemente em uma bola. Colocar a bola sobre a assadeira e achatar na parte inferior.

Repita isto com a massa restante e depois polvilhe com cebola seca, sementes de papoula ou sementes de gergelim, pressionando suavemente sobre a massa.

7. Cozer até que a massa fique dourada, cerca de 13 a 15 minutos. Também pode ser dividido.
8. Armazenar os rolos extras na geladeira e aquecer antes de servir.

Sopa de espinafre e linguiça

Ingredientes:

- 1 colher de sopa. azeite
- 1 cebola picada
- 2 cenouras cortadas
- ½ xícara de creme de leite
- 2 xícaras de espinafre baby
- Sal e pimenta a gosto
- 1 dente de alho picado
- 2 colheres de sopa. vinagre de vinho tinto
- ½ colher de chá. orégano Traço de molho quente
- 4 xícaras de caldo de galinha
- 1 lb. salsicha italiana desintegrado picante

Instruções:

1. Aqueça o azeite em uma frigideira e refogue a salsicha desintegrada por 5 minutos, até que não fique mais rosa. Transfira a salsicha para um prato e escorra em uma toalha de papel. Refogue a cebola, o alho e a cenoura na mesma panela. Deglaze a panela com o vinagre de vinho tinto. Adicione o caldo de galinha, o creme de leite, o orégano e o molho quente e mexa bem.
2. Tempere com sal e pimenta. Cozinhe a sopa por 5 minutos. Transfira a salsicha de volta para a panela e misture o espinafre. Cozinhe por 1 minuto para permitir que o espinafre murche.

Frango Tandoori

Ingredientes para marinada:

- 1 xícara de iogurte natural
- 2 colheres de chá. suco de limão
- Sal e pimenta a gosto
- 2 colheres de sopa de azeite de oliva
- 2 dentes de alho picados
- 1 colher de chá de pimentão em pó
- 1 colher de chá de gengibre fresco ralado
- 1 colher de chá de garam masala
- ½ tsp. Cominho

Instruções:

1. Com uma faca afiada, corte várias fendas nas coxas de frango. Tempere o frango com sal e pimenta e regue com o suco de limão. Combine os ingredientes restantes em uma tigela grande.
2. Coloque o frango na tigela e cubra bem. Refrigerar até 24 horas. Quanto mais você marinar, mais sabor é absorvido.
3. Pré-aqueça o forno a 375 graus. Forre uma assadeira com papel alumínio e coloque o frango por cima. Asse por cerca de 45 - 50 minutos, até que a pele fique bem crocante.

Cordeiro com curry

Ingredientes:

- ½ colher de chá de caril em pó
- ½ colher de chá de garam masala
- 2 xícaras de caldo de carne
- 1 xícara de iogurte grego simples
- 1 colher de chá de suco de limão
- 2 lbs. carne de cordeiro
- 1 colher de sopa de azeite
- 1 cebola picada
- 3 dentes de alho picados
- ½ colher de chá de gengibre ralado
- ½ para de açafrão

Instruções:

1. Corte a carne de cordeiro em pedaços pequenos refogue a cebola no azeite por 5 minutos, em seguida, adicione o alho, gengibre, açafrão, curry e garam masala. Mexa por mais 5 minutos. Adicione a carne e deixe dourar por 10 minutos. Despeje o caldo de carne e deixe ferver por 40 minutos.

Crackers de Pesto

Ingredientes:

- 1 pitada de pimenta de caiena
- ¼ colher de chá de manjericão seco
- 1 dente de alho; prensado
- 2 colheres de sopa de pesto de manjericão
- 3 colheres de sopa de manteiga.
- 1 ¼ xícara de farinha de amêndoa
- ½ colher de chá de fermento em pó
- ½ colher de chá de sal
- ¼ colher de chá de pimenta preta moída

Instruções

1. Pré-aqueça o forno a 163°C (325°F). Cubra sua assadeira com papel pergaminho e coloque de lado
2. Misture a farinha de amêndoa, o fermento em pó, o sal e a pimenta. Adicione a pimenta-de-caiena, o manjericão e o alho. Uma vez combinados, adicionar o pesto e misturar até formar migalhas grossas.
3. Adicionar a manteiga e amassar até formar uma massa lisa.
4. Transfira a massa para a folha preparada e espalhe-a em uma fina camada. Cozer por cerca de 15-20 minutos. Quando pronto, retire do forno, deixe esfriar levemente e corte em biscoitos

Crackers de Sementes

Ingredientes:

- ⅓ xícara de sementes de linho
- ⅓ xícara de sementes de girassol
- 1 colher de sopa de pó de psílio
- 1 xícara de farinha de amêndoa
- 1 colher de chá de sal
- ¼ xícara de óleo de coco, derretido.
- 1 xícara de água fervente
- ⅓ xícara de sementes de chia
- ⅓ xícara de sementes de gergelim
- ⅓ xícara de sementes de abóbora

Instruções

1. Pré-aqueça o forno a 149°C (300°F). Cubra uma folha de biscoito com papel pergaminho e reserve.
2. Adicione todos os ingredientes, exceto óleo de coco e água, ao seu processador de alimentos e pulsar até que todos os ingredientes estejam moídos. Transferência para uma tigela de mistura maior.
3. Despeje o óleo de coco derretido e água fervente e misture até combinar bem.
4. Transferir para folha preparada e espalhar em uma camada fina.
5. Corte a massa em biscoitos e cozinhe por uma hora. Quando terminar, deixe os biscoitos esfriarem. Servir imediatamente ou armazenar em um recipiente hermético.

Biscoitos de Sal e Pimenta

Ingredientes:

- mais para polvilhar
- ; ½ colher de chá de pimenta preta moída,
- e mais para polvilhar.
- 1 ovo
- 2 xícaras de farinha de amêndoa
- ½ colher de chá de sal marinho celta;

Instruções

1. Pré-aqueça o forno a 350°F (177°C). Preparar uma folha de cozimento com papel pergaminho e colocá-la de lado.
2. Adicione os ingredientes ao seu processador de alimentos e pulsar até que a massa se forme.

3. Coloque a massa em uma folha de papel pergaminho, cubra com outro pedaço de papel e espalhe em uma camada fina. Transferir para uma assadeira e cortar em biscoitos.
4. Polvilhar com sal e pimenta e assar por cerca de 10-15 minutos.
5. Quando terminar, retire, deixe esfriar e sirva.

Biscoitos Crocantes de Amêndoa

Ingredientes:

1/8 colher de chá de pimenta-do-reino

3 colheres de sopa de sementes de gergelim

1 ovo batido; sal e pimenta preta a gosto.

1 xícara de farinha de amêndoa

1/4 colher de chá de bicarbonato de sódio

1/4 colher de chá de sal

Instruções

1. Pré-aqueça o forno a 350°F (177°C). Cobrir duas bandejas de cozimento com papel pergaminho e colocar de lado.
2. Misture todos os ingredientes secos em uma tigela grande. Adicione o ovo e misture bem para incorporar e formar uma massa. Dividir a massa em duas bolas.
3. Espalhe a massa entre dois pedaços de papel pergaminho. Cortar em biscoitos e transferir para uma assadeira preparada.
4. Cozer por cerca de 15-20 minutos. Enquanto isso, repita o mesmo procedimento com a massa restante.
5. Uma vez prontos, deixe os biscoitos esfriarem e sirva com sal e pimenta preta.

Pão Plano de Baixo Teor de Carboidratos

Ingredientes:

- ½ xícara mais 1 colher de sopa de amêndoa ou farinha de coco
- 1 xícara de leite de coco gordo, guarnição
- 6 colheres de chá de manteiga
- 1 pitada de sal marinho
- ½ xícara de farinha de araruta/pó

Instruções

1. Bata todos os ingredientes em uma tigela grande. Deve ter a consistência de panquecas, soltas e grossas. Se for muito líquido, acrescentar colheres de sopa de farinha de araruta e farinha de amêndoa para engrossá-la. Se for muito espesso, acrescente apenas uma colher de sopa de leite de coco para diluí-lo.

2. Pré-aqueça uma frigideira antiaderente em fogo médio-alto e depois regue com um pouco de azeite de oliva.
3. Adicione uma xícara da massa ao centro da panela. Cozinhe os pães planos até que estejam firmes e as bordas estejam levemente douradas, mas não crocantes; isto deve levar cerca de 3 minutos.
4. Use uma espátula para virar o pão plano e cozinhe o outro lado por mais 2-3 minutos até que ambos os lados fiquem dourados. Repita isto para o restante da massa de pão de forma achatada.
5. Uma vez feito, arrefeça o pão plano em uma prateleira. Enquanto ainda está quente, ponha manteiga no pão. Aproveite com seu topping favorito.
6. Você pode armazenar as sobras no refrigerador por cerca de 6 a 7 dias.

www.ingramcontent.com/pod-product-compliance
Lightning Source LLC
LaVergne TN
LVHW020437070526
838199LV00063B/4770